makaranta - shule	2
bulaguro - usafiri	5
abin hawa - usafiri	8
birni - jiji	10
fadin kasa - mazingira	14
gidan abinci - mgahawa	17
babban kanti - dukakuu	20
kayan sha - vinywaji	22
abinci - chakula	23
gona - shamba	27
gida - nyumba	31
falo - sebuleni	33
kicin - jikoni	35
dakin wanka - bafu	38
dakin yaro - chumba ya mtoto	42
tufafi - nguo	44
ofis - ofisi	49
tattalin arziki - uchumi	51
sana'o'i - kazi	53
kayan aiki - zana	56
kayan kida - ala za muziki	57
gidan namun daji - bustani ya wanyama	59
wasanni - michezo	62
harkoki - shughuli	63
iyali - familia	67
jiki - mwili	68
asibiti - hospitali	72
na gaggawa - dharura	76
Kasa - dunia	77
agogo - saa	79
mako - wiki	80
shekara - mwaka	81
siffofi - maumbo	83
launuka - rangi	84
kishiyoyi - kinyume	85
lambobi - nambari	88
yaruka - lugha	90
wa / me / ya ya - ambao / nini / jinsi	91
ina - wapi	92

Impressum
Verlag: BABADADA GmbH, Nedderfeld 112 , 22529 Hamburg
Geschäftsführer / Verlagsleitung: Harald Hof
Druck: Books on Demand GmbH, In de Tarpen 42, 22848 Norderstedt

Imprint
Publisher: BABADADA GmbH, Nedderfeld 112 , 22529 Hamburg, Germany
Managing Director / Publishing direction: Harald Hof
Print: Books on Demand GmbH, In de Tarpen 42, 22848 Norderstedt

makaranta

shule

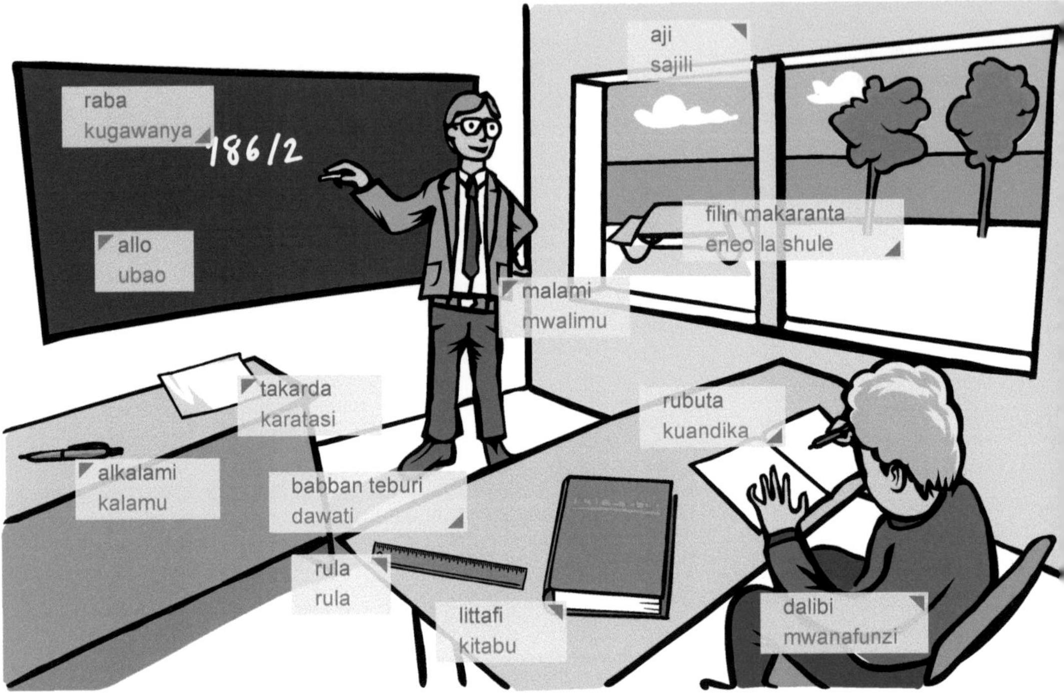

aji
sajili
raba
kugawanya
186/2
filin makaranta
eneo la shule
allo
ubao
malami
mwalimu
takarda
karatasi
rubuta
kuandika
alkalami
kalamu
babban teburi
dawati
rula
rula
littafi
kitabu
dalibi
mwanafunzi

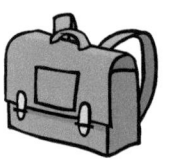

jakar makaranta

mkoba

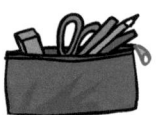

gidan fensir

kikasha cha penseli

fensir

penseli

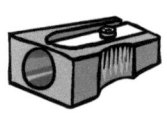

abin fike fensir

kichonga penseli

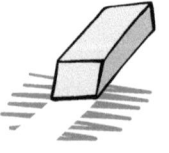

kilina

mpira

kwalin zane

pedi ya kuchora

zane

uchoraji

burushin fenti

brashi ya rangi

gwangwanin fenti

sanduku la rangi

almakashi

mkasi

gam

gundi

littafi aiki

daftari

aikin gida

kazi ya nyumbani

lamba

nambari

2+2

kara

jumlisha

debe

ondoa

yi sau

zidisha

kwakuleta

kokotoa

A

wasika

barua

ABCDEFG
HIJKLMN
OPQRSTU
VWXYZ

harafi

alfabeti

kalma

neno

rubutu

maandishi

karanta

kusoma

alli

chaki

darasi

somo

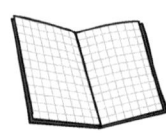

rijista

sajili

jarabawa

uchunguzi

satifiket

cheti

kayan makaranta

sare za shule

ilimi

elimu

kundin ilimi

elezo

jami'a

chuo kikuu

madubin kimiyya

darubini

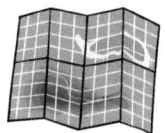

taswira

ramani

kwandon shara

kikapu cha kuweka karatasi
chafu

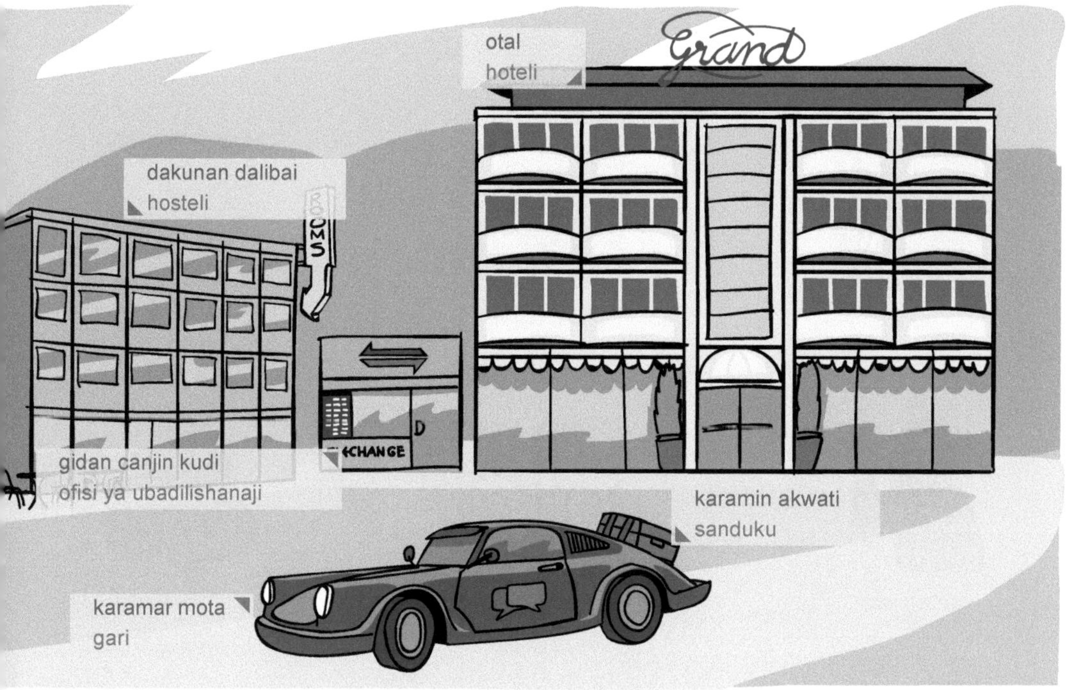

Grand
otal
hoteli
dakunan dalibai
hosteli
ROOMS
EXCHANGE
gidan canjin kudi
ofisi ya ubadilishanaji
karamin akwati
sanduku
karamar mota
gari

yare
lugha

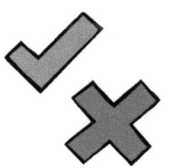

e/a'a
ndiyo / la

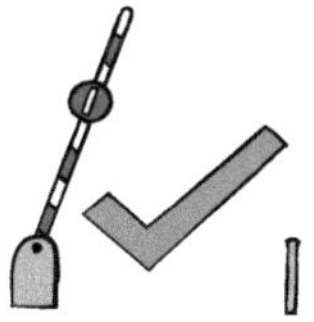

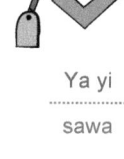

Ya yi
sawa

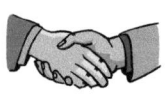

barka dai
hujambo

mai fassara
mtafsiri

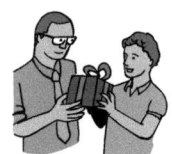

Na gode
Asante

nawa ne...?

kiasi gani ni ...?

ban gane ba

Sielewi

matsala

tatizo

Barka da yamma!

Jioni njema!

Ina kwana!

Habari za asubuhi!

barka da dare!

Usiku mwema!

sai an jima

kwa heri

alkibla

mwelekeo

kaya

mizigo

jaka

mfuko

jakar goyawa

shanta

bako

mgeni

daki

chumba

jakar barci

begi la kulalia

tanti

hema

bayanin dan yawon bude-
ido

taarifa ya utalii

bakin ruwa

ufuo

katin banki

kadi

karin kumallo

kifunguakinywa

abincin rana

chakula cha mchana

abincin dare

chakula cha jioni

tikiti

tiketi

daga

kuinua

hatimi

muhuri

iyaka

mpaka

kudin fiton kaya

mila

ofishin jakadanci

ubalozi

biza

visa

fasfo

pasipoti

abin hawa

usafiri

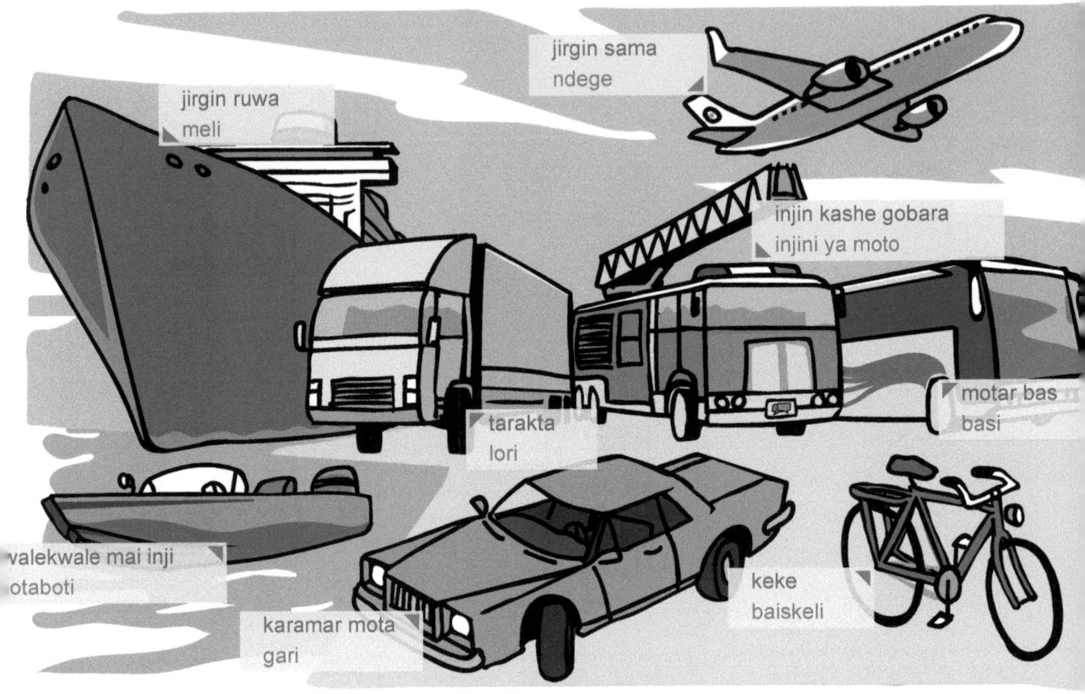
jirgin sama
ndege
jirgin ruwa
meli
injin kashe gobara
injini ya moto
tarakta
lori
motar bas
basi
valekwale mai inji
otaboti
keke
baiskeli
karamar mota
gari

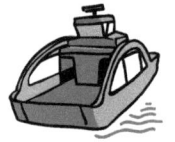

karamin jirgin ruwa

feri

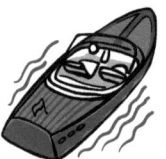

kwalekwale

mashua

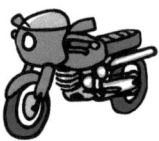

babur

pikipiki

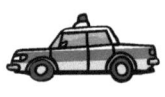

motar 'yansanda

gari la polisi

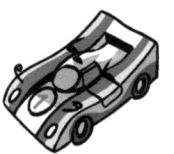

motar tsere

gari la mashindano

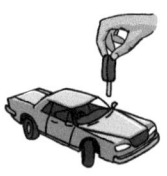

motar haya

gari la kukodisha

tarayyar karamar mota
kushiriki gari

babbar mota da ta lalace
lori la kuvuta

motar shara
ukusanyaji taka

mota
motor

mai
mafuta

gidan mai
kituo cha mafuta

alamar titi
ishara trafiki

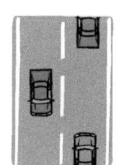

zirga-zirga
trafiki

cunkoson ababen hawa
msongamano

wurin ajiye mota
maegesho

tashar jirgin kasa
kituo cha treni

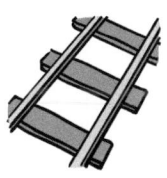

filin tsere
reli

jirgin kasa
garimoshi

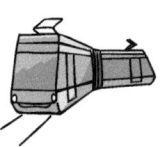

jirgin kasa mai kyabil
tremu

keken doki
gari la mizigo

helikwafta

helikopta

filin jirgin sama

uwanja wa ndege

hasumiya

mnara

fasinja

abiria

mazubi

chombo

kwali

katoni

amalanke

mkokoteni

kwando

kikapu

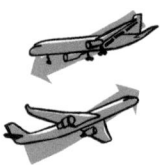

tashi / sauka

ondoka

birni

jiji

kauye

kijiji

tsakiyar birni

katikati ya jiji

gida

nyumba

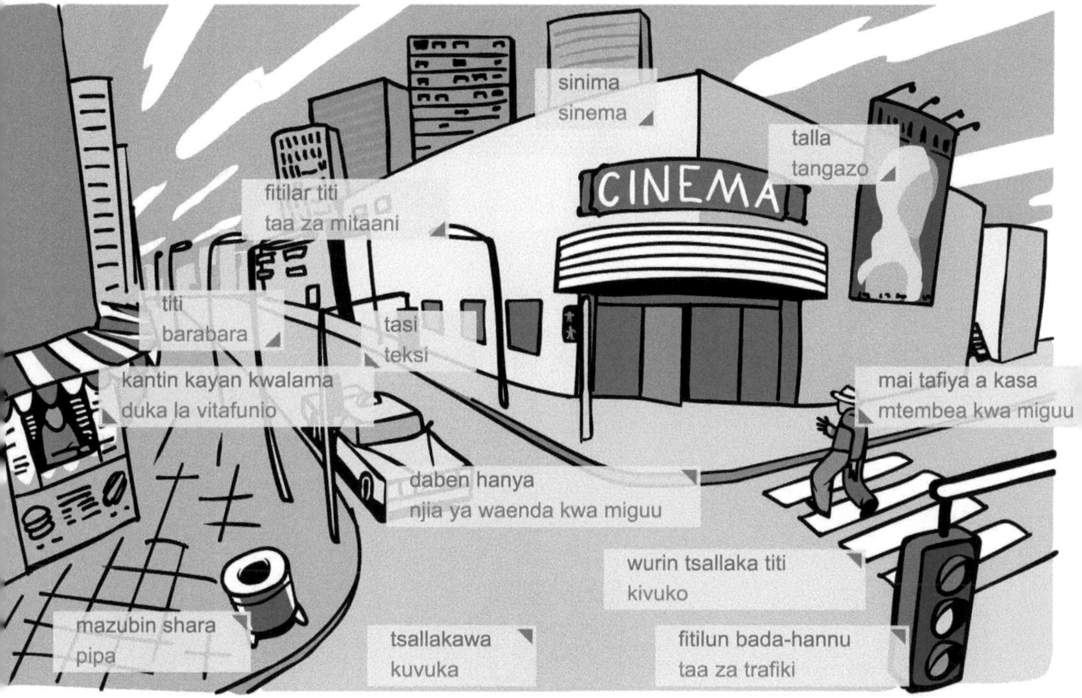

sinima
sinema

talla
tangazo

fitilar titi
taa za mitaani

titi
barabara

tasi
teksi

kantin kayan kwalama
duka la vitafunio

mai tafiya a kasa
mtembea kwa miguu

daben hanya
njia ya waenda kwa miguu

wurin tsallaka titi
kivuko

mazubin shara
pipa

tsallakawa
kuvuka

fitilun bada-hannu
taa za trafiki

CINEMA

bukka
....
kibanda

shafaffe
....
gorofa

tashar jirgin kasa
....
kituo cha treni

dakin taro
....
ukumbi wa mji

gidan kayan tarihi
....
Makavazi

makaranta
....
shule

jami'a

chuo kikuu

banki

benki

asibiti

hospitali

otal

hoteli

kantin magani

duka la dawa

ofis

ofisi

kantin littattafai

duka la kitabu

kanti

duka

mai sayar da furanni

duka la maua

babban kanti

dukakuu

kasuwa

soko

kanti mai sassa

idara ya kuhifadhi

shagon sayar da kifi

mwuza samaki

wurin sayayya

kituo cha ununuzi

matsayar jiragen ruwa

bandari

ma'ajiyar motoci

Hifadhi

benci

benki

gada

daraja

kafar bene

vidato

karkashin kasa

chini ya ardhi

ramin karkashin kasa

handaki

matsayar bas

kituo cha mabasi

mashaya

bar

gidan abinci

mgahawa

akwatin sakonni

sanduku la posta

alamar titi

ishara ya barabara

mitar ajiye motoci

mita ya maegesho

gidan namun daji

bustani ya wanyama

kwamin iyo

kidimbwi cha kuogelea

masallaci

msikiti

gona
shamba

gurbata
uchafuzi

makabarta
makaburini

coci
kanisa

filin wasanni
uwanja wa michezo

dakin bauta
hekalu

fadin kasa

mazingira

ganye
jani

turken alama
ishara ya mwelekeo

hanya
njia

makiyaya
malisho

dutse
jiwe

mai tattaki
mtembeaji wa masafa

bishiya
mti

korama
mto

ciyawa
nyasi

fure
ua

kwazazzabo
bonde

tudu
kilima

tafki
ziwa

daji
msitu

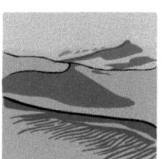

hamada
jangwa

amon dutse
volkano

fada
ngome

bakan-gizo
upinde wa mvua

malafar jaki
uyoga

bishiyar kwakwar manja
mtende

sauro
mbu

kuda
kuruka

tururuwa
chungu

zuma
nyuki

gizo
buibui

burgunguma

mende

kwado

chura

kurege

kuchakuro

bushiya

nungunungu

zomo

sungura

mujiya

bundi

tsuntsu

ndege

agwagwar ruwa

swan

aladen daji

nguruwe mwitu

namijin barewa

kulungu

kanki

aina ya kongoni

dam

bwawa

lantarki mai iska

tabo ya upepo

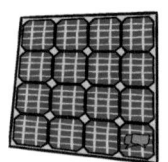

farantin hasken rana

nishaji ya jua

yanayi

hali ya hewa

gidan abinci
mgahawa

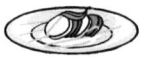

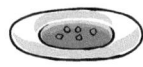

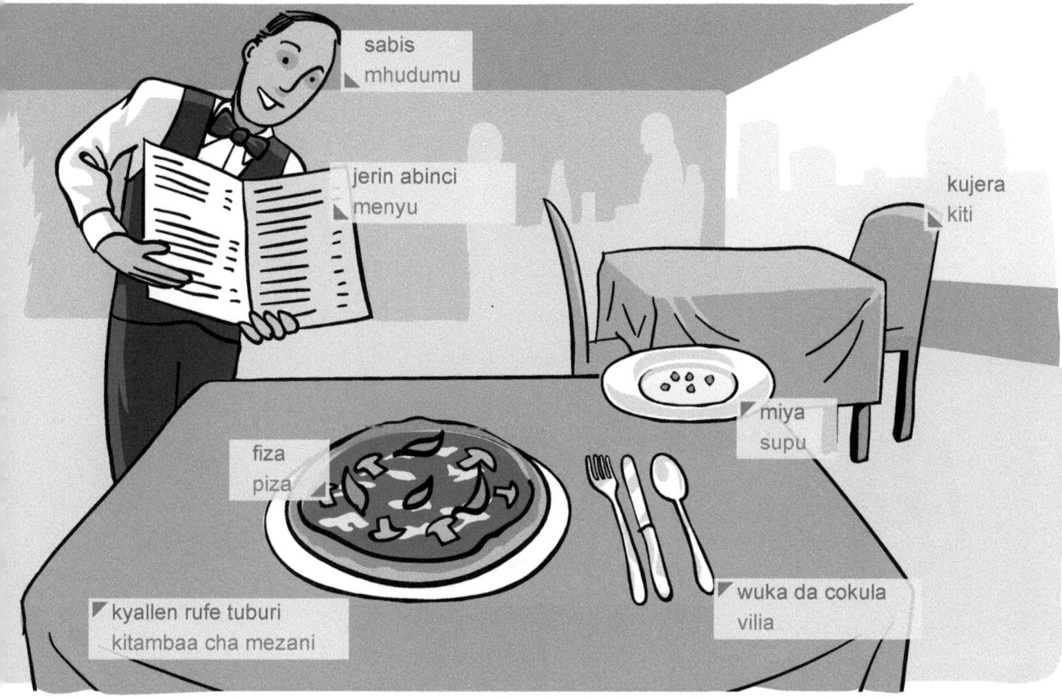

sabis
mhudumu
jerin abinci
menyu
kujera
kiti
miya
supu
fiza
piza
wuka da cokula
vilia
kyallen rufe tuburi
kitambaa cha mezani

makunni

kiamsha hamu

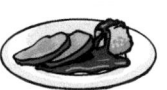

babban abinci

kozi kuu

kayan zaki

kitindamlo

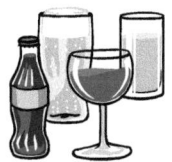

kayan sha

vinywaji

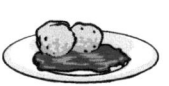

abinci

chakula

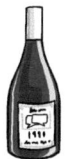

kwalba

chupa

abincin tafi-da-gidanka

chakula cha haraka

abincin titi

Streetfood

tukunyar shayi

buli

kwanon sikari

kisanduku cha sukari

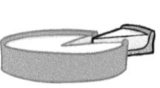

gutsire

sehemu

injin hada kofi

mashine ya espresso

kujera mai tudu

kiti kirefu

doka

muswada

tire

trei

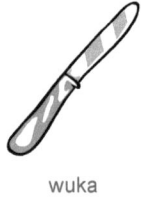

wuka

kisu

cokali mai yatsu

uma

cokali

kijiko

cokalin shayi

kijiko cha chai

kyallen cin abinci

nepi

gilashi

glasi

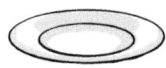

faranti

sahani

farantin miya

sahani ya supu

farantin kofi

sufuria

hadin dandano

mchuzi

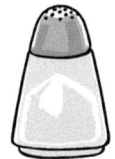

mazubin gishiri

kichanyaji chumvi

abin nikan yaji

kinu cha pilipili

lamurje

siki

mai

mafuta

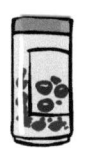

kayan dandano

viungo

miyar tumatir

kechapu

mustad

haradali

mayonnaise

kachumbari nzito

babban kanti

dukakuu

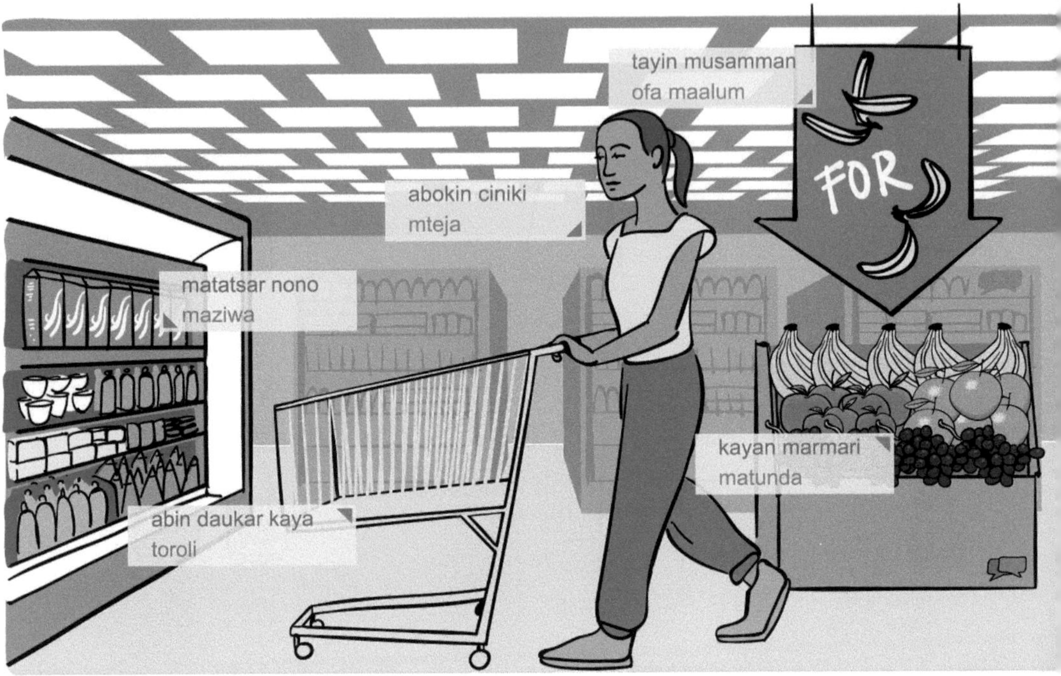
tayin musamman
ofa maalum
FOR
abokin ciniki
mteja
matatsar nono
maziwa
kayan marmari
matunda
abin daukar kaya
toroli

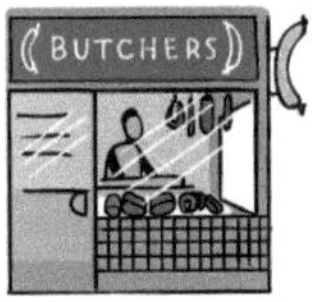
BUTCHERS

na mahauci

mchinjaji

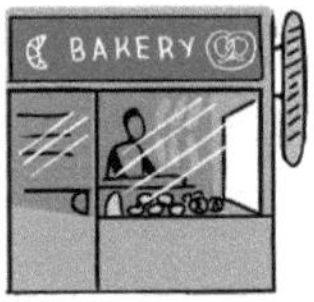
BAKERY

shagon mai burodi

mwokaji

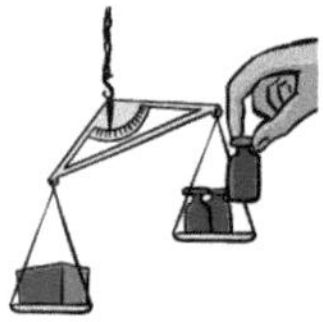

auna nauyi

uzito

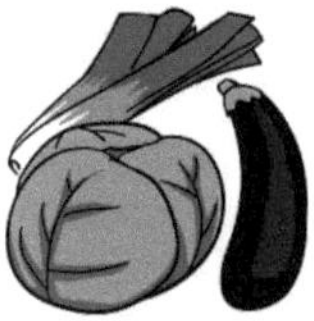

kayan lambu

mboga

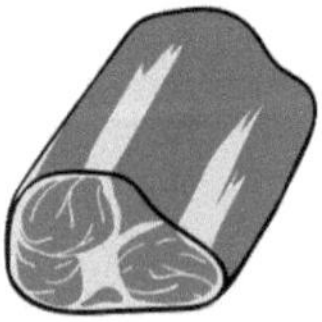

nama

nyama

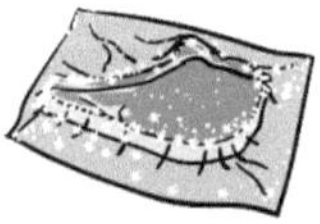

darkararren abinci

chakula waliohifadhiwa

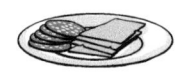

nama mai sanyi

vipande vya nyama baridi

abincin gwangwani

chakula cha kopo

garin sabulun wanki

sabuni ya unga

alewa

pipi

kayan amfanin gida

bidhaa za kaya

kayan tsafta

bidhaa za kusafisha

mai sayarwa

mtu mauzo

haro

mpaka

mai biyan kudi

keshia

jerin kayan sayayya

orodha ya manunuzi

sa'o'in budewa

masaa ya ufunguzi

alabe

mkoba

katin banki

kadi

jaka

mfuko

jakar roba

mfuko wa plastiki

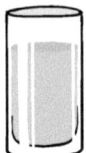

ruwa

maji

ruwan 'ya'yan itace

sharubati

madara

maziwa

coke

coke

barasa

mvinyo

giya

bia

barasa

pombe

koko

kakao

shayi

chai

kofi

kahawa

bakin kofi

spreso

kofi mai madara

kapuchino

ayaba

ndizi

tufa

tufaha

lemon zaki

machungwa

kankana

tikiti

lemon tsami

lemon

karas

karoti

tafarnuwa

kitunguu saumu

gora

mianzi

albasa

kitunguu

kunnen-jaki

uyoga

dangin gyada

karanga

dangin taliya

nudo

sufageti

spageti

shinkafa

mpunga

man salak

saladi

sala-sala

vibanzi

soyayyen dankali

viazi vya kukaanga

fiza

piza

hambaga

hambaga

sanwich

sandwichi

kwan nama

kipande

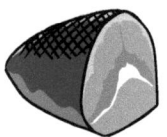

naman alade

paja la mnyama

salami

salami

kilishin turawa

soseji

kaza

kuku

gashi

choma

kifi

samaki

kamun oats

oats ya uji

muesli

muesli

kwamfiles

cornflakes

fulawa

unga

fanke

kroisanti

yankan burodi

andazi

burodi

mkate

gashi

mkate wa kubanika

biskit

biskuti

bota

siagi

man shanu

maziwa mgando

kek

keki

kwai

yai

soyayyen kwai

yai kukaanga

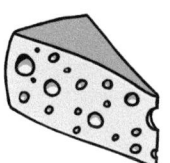

cuku

jibini

askirim

aiskrimu

sikari

sukari

zuma

asali

jam

jemu

cakuletin shafawa

kuenea kwa chokoleti

kori

mchuzi wa viungo

gona
shamba

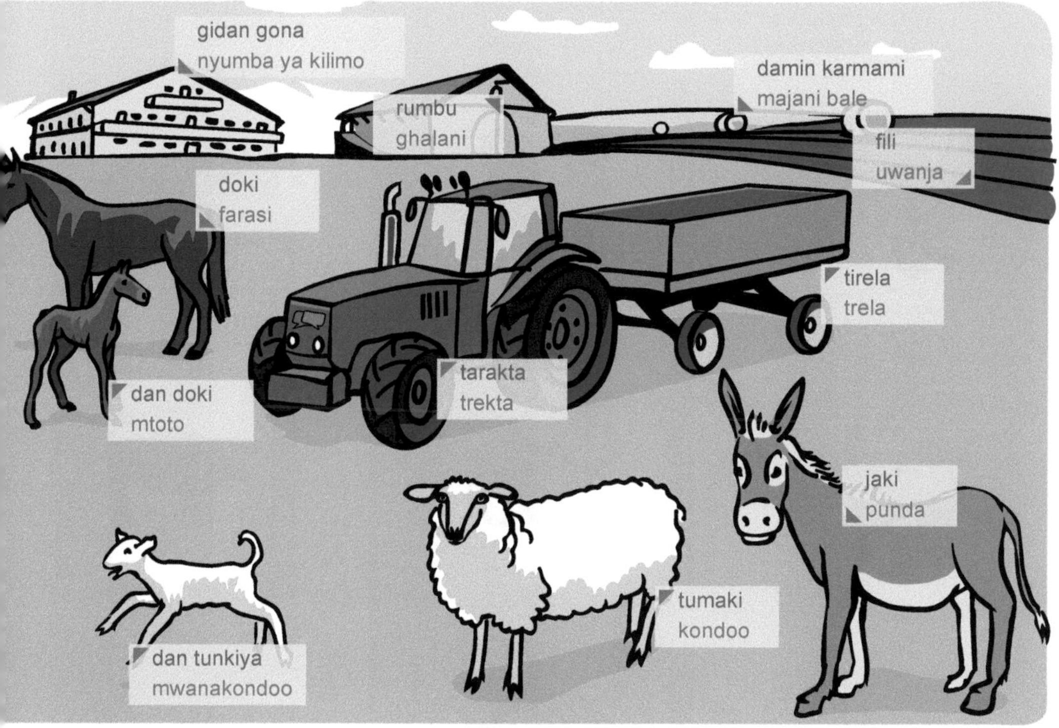
gidan gona
nyumba ya kilimo
rumbu
ghalani
damin karmami
majani bale
fili
uwanja
doki
farasi
tirela
trela
tarakta
trekta
dan doki
mtoto
jaki
punda
tumaki
kondoo
dan tunkiya
mwanakondoo

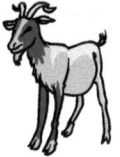

akuya

mbuzi

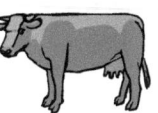

saniya

ng'ombe

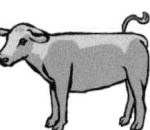

maraki

ndama

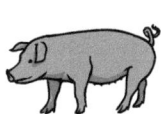

alade

nguruwe

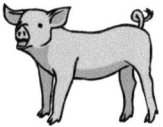

dan alade

mwananguruwe

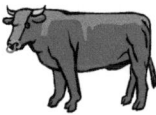

bajimi

fahali

dinya
batabukini

agwagwa
bata

dan tsako
kifaranga

kaza
kuku

zakara
jogoo

bera
panya

kyanwa
paka

bera
panya

takarkari
ng'ombe

kare
mbwa

dakin kare
nyumba ya mbwa

bututun lambu
bomba la bustani

bokitin ban-ruwa
debe la kumwagilia maji

ashasha
fyekeo

garma
kulima

lauje
mundu

fartanya
jembe

cebur mai yatsu
uma wa nyasi

gatari
shoka

wilbaro
toroli

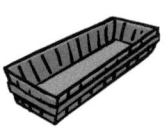

mazubin abincin dabbobi
kupitia nyimbo

gwangwanin madara
chombo cha maziwa

buhu
gunia

shinge
ua

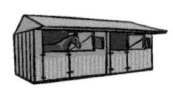

barga
imara

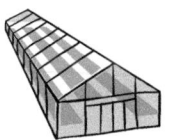

koren-gida
chafu

rairai
udongo

iri
mbegu

taki
mbolea

injin girbi da sussuka
kivunaji

girbe

mavuno

girbi

mavuno

doya

viazi vikuu

alkama

ngano

waken soya

soya

dankali

viazi

dawa

mahindi

furen mai

rapa

bishiyar kayan marmari

mti wa matunda

rogo

muhogo

hatsi

nafaka

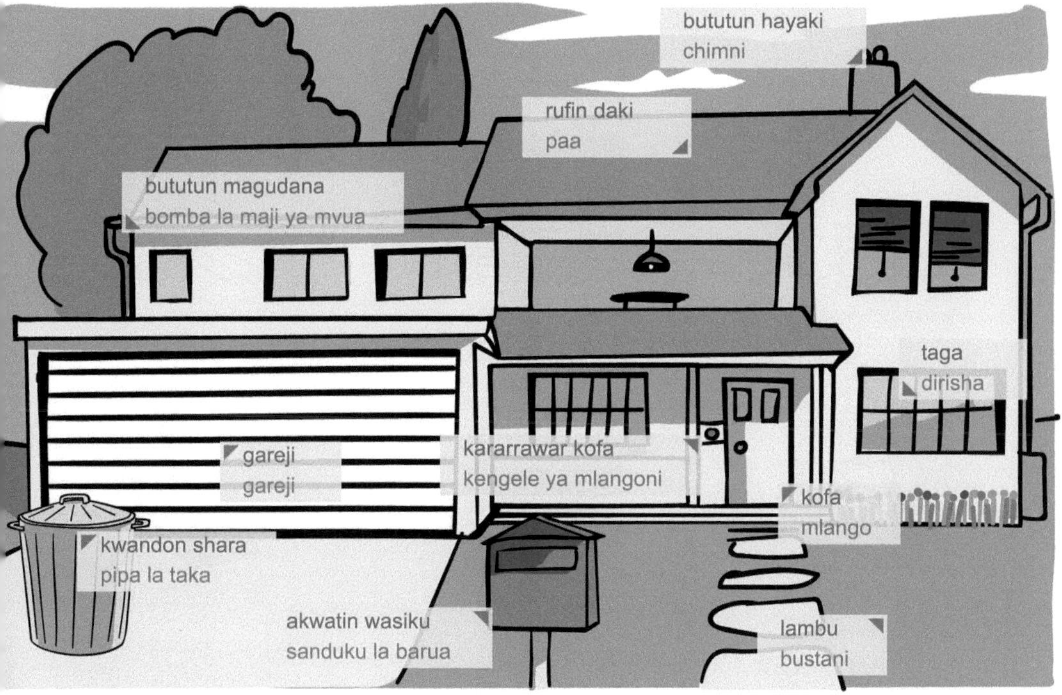

bututun hayaki
chimni

rufin daki
paa

bututun magudana
bomba la maji ya mvua

taga
dirisha

gareji
gareji

kararrawar kofa
kengele ya mlangoni

kofa
mlango

kwandon shara
pipa la taka

akwatin wasiku
sanduku la barua

lambu
bustani

falo

sebuleni

dakin wanka

bafu

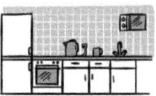

kicin

jikoni

dakin kwana

chumba cha kulala

dakin yaro

chumba ya mtoto

dakin cin abinci

chumba cha kulia

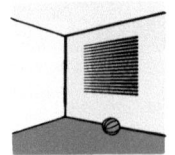

dabe

sakafu

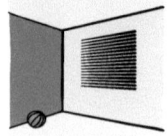

bango

ukuta

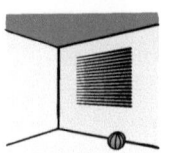

sili

dari

dakin karkashin kasa

pishi

wurin wankan dumi

sauna

barandar bene

roshani

baranda

mtaro

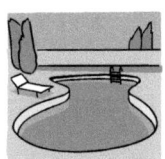

gulbin ninkaya

kidimbwi

injin yanke ciyawa

mashine ya kukata nyasi

kwano

karatasi

zanen gado

kitambaa cha kupamba
kitanda

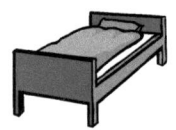

gado

kitanda

tsintsiya

ufagio

bokiti

ndoo

makunni

kubadili

falo
sebuleni

takardar bango
mandhari
hoto
picha
fitila
taa
kantar littattafai
rafu
kabed
kabati
wurin wuta
mekoni
talbijin
televisheni/runinga
fure
ua
kushin
mto
babbar kujera
sofa
gilashin fure
chombo cha maua
rimot
kitenzambali

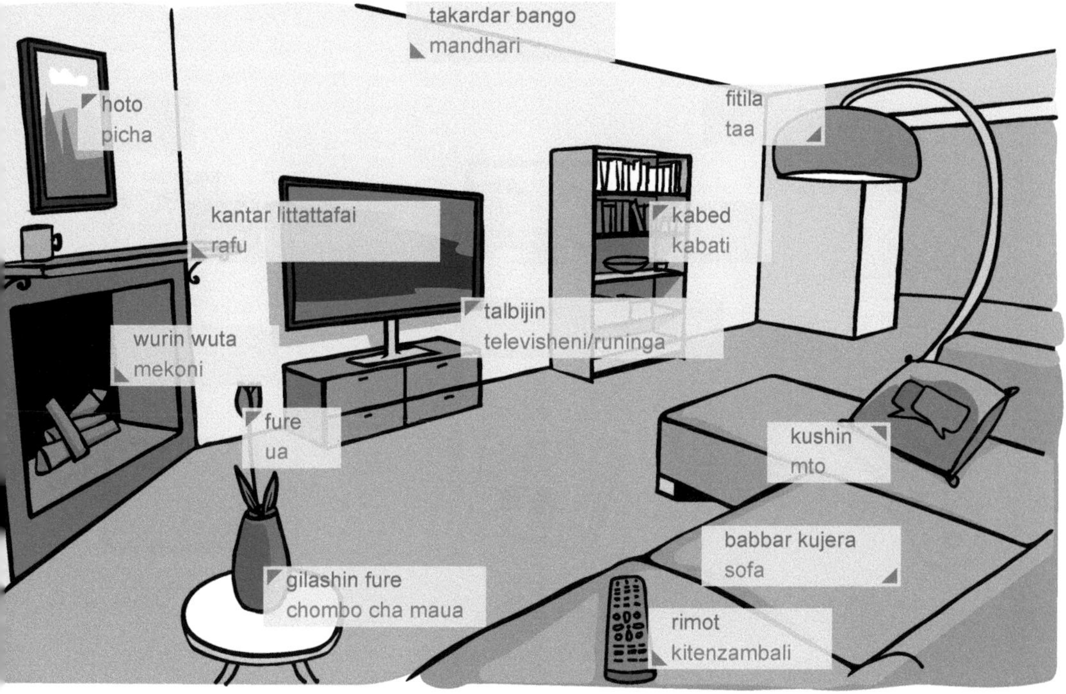

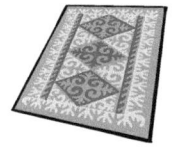

darduma

zulia

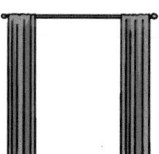

labule

pazia

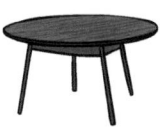

teburi

meza

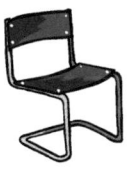

kujera

kiti

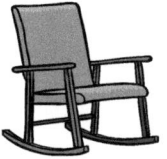

kujera mai shillo

kiti cha bembea

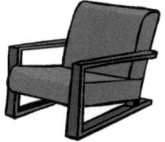

kujera mai hannu

armchair

littafi

kitabu

bargo

blanketi

kwalliya

mapambo

itacen girki

kuni

fim

filamu

kayan hi-fi

kifaa cha hi-fi

makulli

ufunguo

jarida

gazeti

zanen fenti

uchoraji

fasta

bango

rediyo

redio

takardar rubutu

daftari

na'urar share darduma

kifyonza

murtsunguwa

dungusi kakati

kyandir

mshumaa

kicin
jikoni

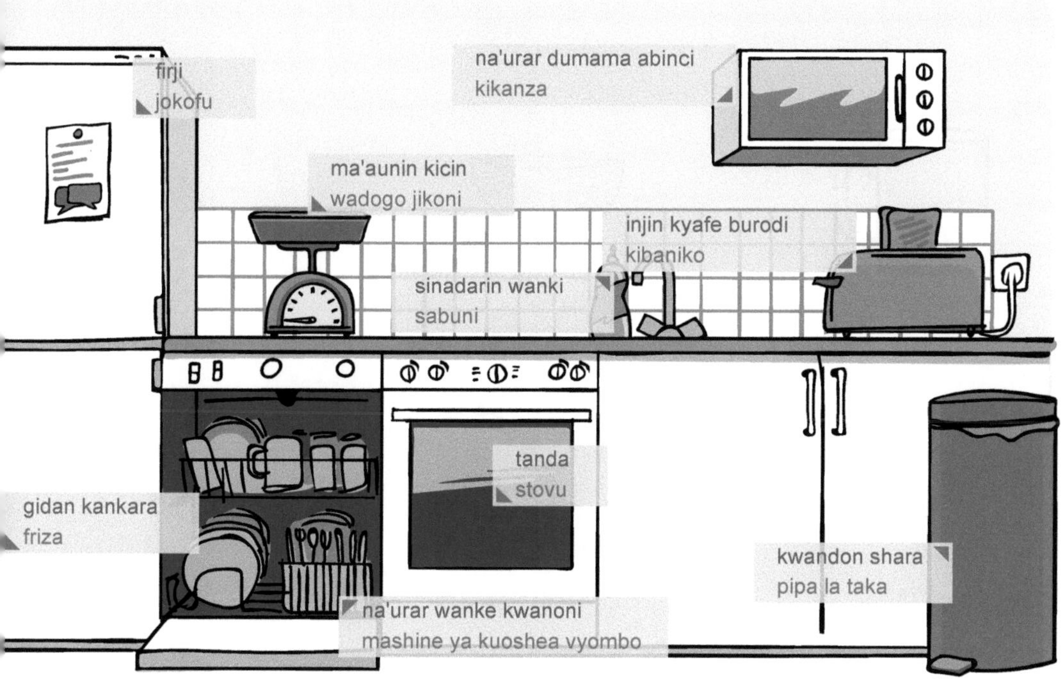

firji
jokofu
na'urar dumama abinci
kikanza
ma'aunin kicin
wadogo jikoni
injin kyafe burodi
kibaniko
sinadarin wanki
sabuni
tanda
stovu
gidan kankara
friza
kwandon shara
pipa la taka
na'urar wanke kwanoni
mashine ya kuoshea vyombo

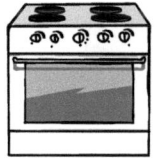

cooker
jiko la kupika

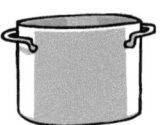

tukunya
chungu

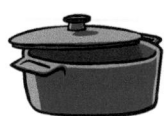

tukunyar alminiyum
sufuria ya chuma

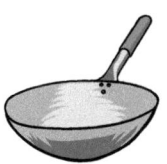

kwanon suya
wok / kadai

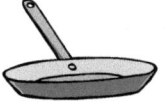

kwanan suya
kaango

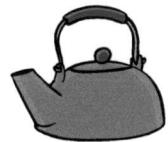

buta
birika

tukunyar dumi

stima

kwanan gashi

sinia ya kuoka

kayan tangaran

vyombo vya udongo

tambulan

kombe

kwano

bakuli

tsinkayen cin abinci

vijiti vya kulia

ludayi

ukawa

ludayin suya

mwiko mpana

makadin kwai

burashi

rariya

kichujio

mataci

chujio

na'urar nika

mbuzi

turmi

chokaa

balangu

barbeque

wutar sarari

moto wazi

katakon yanke-yanke

ubao wa majaribio

katakon murji

kijiti cha kusukuma unga

mabudin kwalba

kizibuo

gwangwani

kopo

mabudin gwangwani

inaweza kopo

hannun tukunya

kishikio cha chungu

wurin wanke-wanke

karo

burushi

brashi

soso

sifongo

bilenda

kisagaji matunda

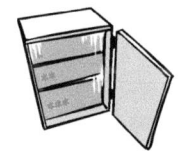

babban gidan kankara

friji ya kina

bulumboti

chupa ya mtoto

famfo

bomba

dakin wanka

bafu

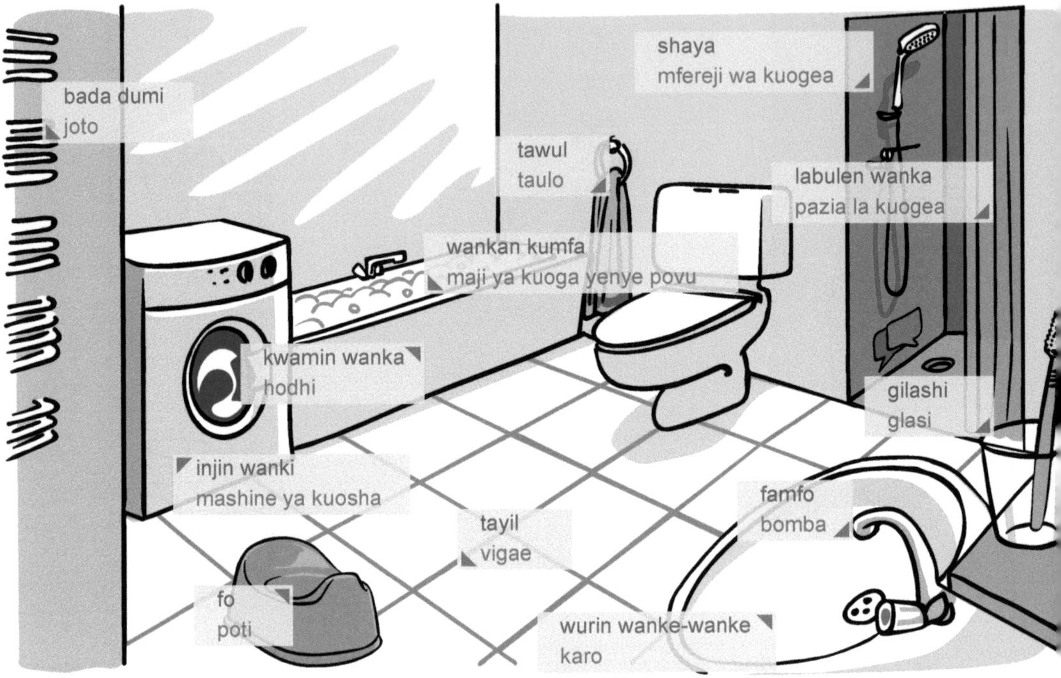

shaya
mfereji wa kuogea
bada dumi
joto
tawul
taulo
labulen wanka
pazia la kuogea
wankan kumfa
maji ya kuoga yenye povu
kwamin wanka
hodhi
gilashi
glasi
injin wanki
mashine ya kuosha
famfo
bomba
tayil
vigae
fo
poti
wurin wanke-wanke
karo

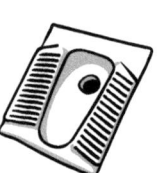

bandaki

choo

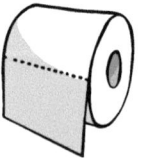

bandakin tsuguno

choo cha squat

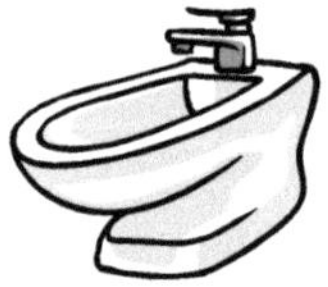

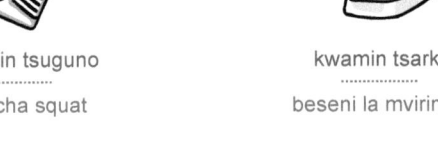

kwamin tsarki

beseni la mviringo

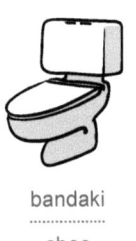

wurin fitsari

choo cha umma

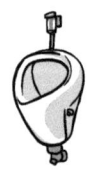

takardar bandaki

shashi

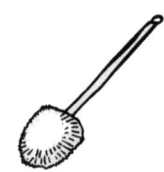

burushin bandaki

brashi ya choo

burushin hakori

mswaki

man hakori

dawa ya meno

zaren sakace

dawa ya meno

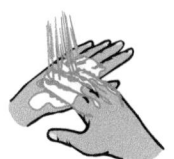

wanke

safisha

shayar hannu

kuoga mkono

wankin farji

msukumo wa maji

kwamin wanke hannu

bonde

burushin wanke baya

mpako wa pili

sabulu

sabuni

ruwan sabulun wanka

jeli ya kuogea

man gyaran gashi

shampuu

tsumman wanka

flana

lambatu

toa maji

kirim

krimu

turaren kamshi

kiondoa harufu

madubi
kioo

madubin hannu
kioo mkono

reza
kinyozi

man yaran fuska
povu la kunyoa

man aski
baada ya kunyoa

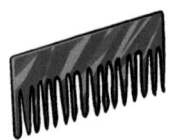

mataji
kichana

burushi
brashi

na'urar busar da gashi
kikausha nywele

man gashi
marashi ya nyewele

kwalliya
vipodozi

jan-baki
kidomwa

man farce
varnish ya msumari

audugar goge kunne
pamba

almakashin yankan farce
mkasi wa kucha

turare
manukato

jakar wanka

mkoba wa kuosha

bahaya

kinyesi

ma'aunin nauyi

mizani

rigar wanka

nguo ya kuoga

safar roba

glavu za mpira

audugar haila

kisodo

audugar mata

sodo

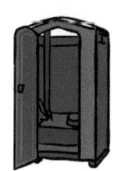

bandakin tafi-da-gidanka

kemikali choo

dakin yaro

chumba ya mtoto

agogo mai kararrawa
saa ya kengele
yartsanar tsumma
kidoli cha kupakata
motar wasan yara
gari bandia
kara
kelele
gidan 'yartsana
chumba cha midoli
kyauta
sasa

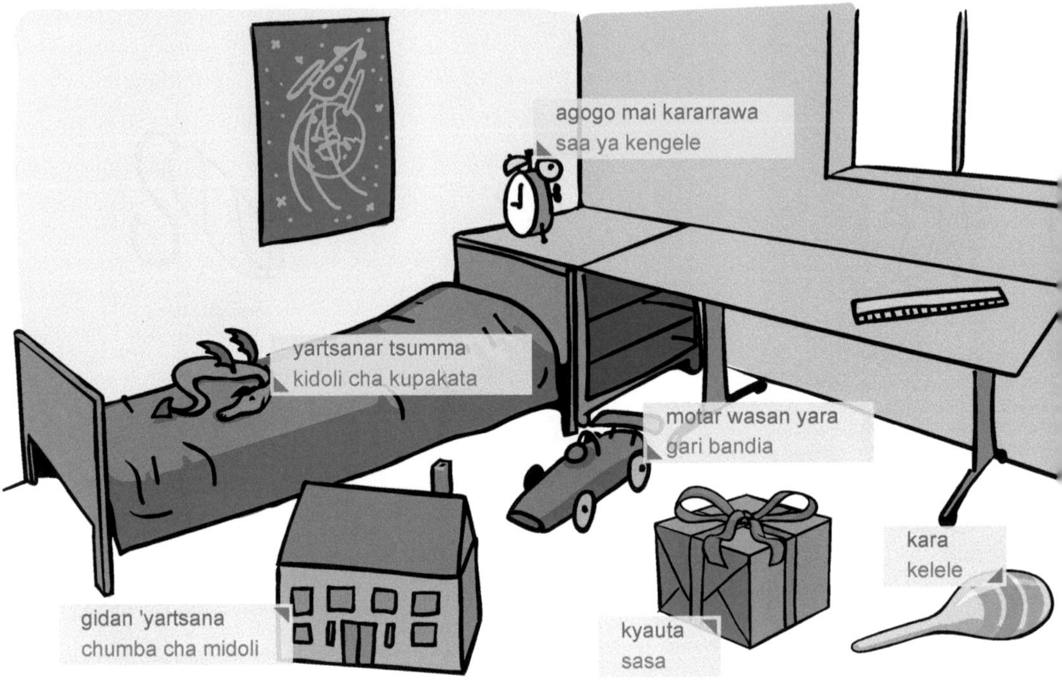

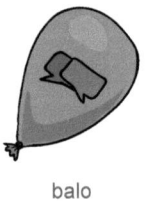

balo

baluni

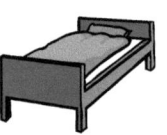

gado

kitanda

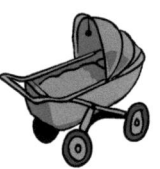

keken jarirai

mashua

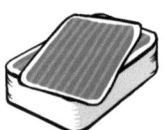

benen kwalaye

staha ya kadi

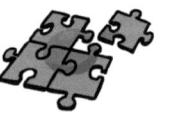

wasa kwakwalwa

mchezo-fumb

SUPER MEGA

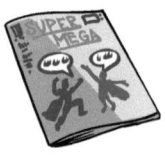

ban dariya

vichekesho

tubalan roba

matofali lego

tubalan gini

vitalu mwigo

mutum-mai-aiki

hatua takwimu

rigar jariri

suti ya kulalia

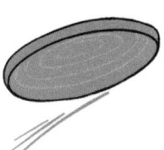

Dokin iska

kisahani

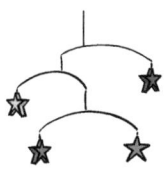

tafi-da-gidanka

simu

wasan dara

ubao wa michezo

dan ludo

kete

zubin kwatancin jirgin kasa

garimoshi mwigo

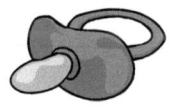

mutum-mutumi

dummy

walima

chama

littafi mai hotuna

picha kitabu

kwallo

mpira

yartsana

kikaragosi

yi wasa

kucheza

akwatin yashi

shimo la mchanga

lilo

bembea

kayan wasan yara

vitu bandia

allon wasannin bidiyo

kiweko cha video ya mchezo

babur mai taya uku

baiskeli ya magurudumu

yartsanar tsumma

mwanasesere

wadirob

kabati

matatu

tufafi

nguo

safa

soksi

sitokins

stokingi

matse-jiki

kibano

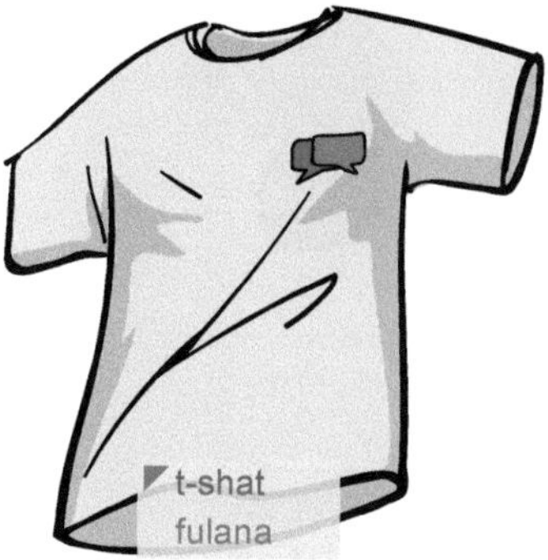

adiko
skafu

belet
ukanda

lema
mwavuli

t-shat
fulana

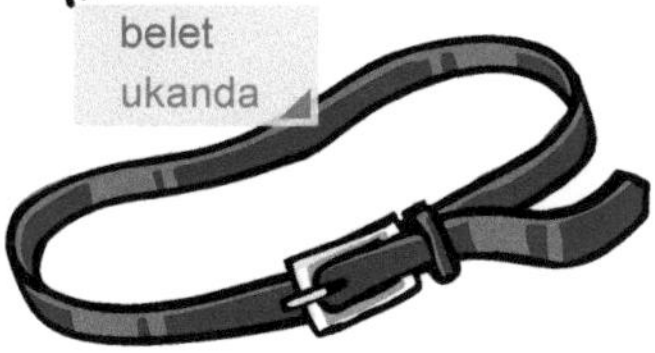

takalman wasa
wakufunzi

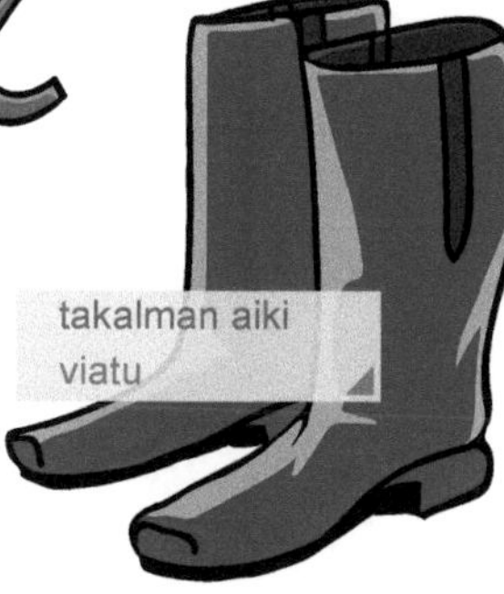

takalman aiki
viatu

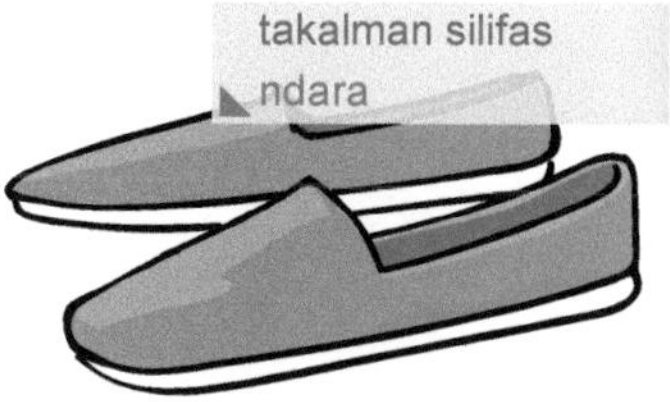

takalman silifas
ndara

takalman sandal
malapa

takalma
viatu

takalman roba
mabuti ya mpira

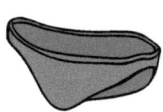
kamfai
suruali ya ndani

rigar nono
sidiria

falmaran
fulana

jiki

mwili

wando

suruali

jeans

dangirizi

dantofi

sketi

rigar mata

blauzi

karamar riga

shati

riga mai hula

vuta

hular riga

sweta

bileza

bleza

jaket

jaketi

kwat

koti

rigar ruwa

koti la mvua

kayan yayi

maleba

kayan sawa

gauni

rigar aure

mavazi ya harusi

kwat da wando

suti

rigar dare

vazi la usiku

kayan barci

pajama

sari

sari

dankwali

skafu

rawani

kilemba

hijabi

burka

kaftani

kaftan

abaya

abaya

rigar iyo

vazi la kuogelea

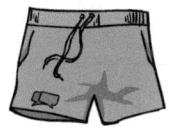

wandon wasa

vazi la kiume la kuogelea

gajeran wando

kaptura

kayan wasanni

teitei

kyallen aiki

aproni

safar hannu

glavu

maballi

kifungo

tabarau

glasi

awarwaro

bangili

tsakiya

mkufu

zobe

pete

dan kunne

herini

hula

kofia

maratayin kwat

kiango cha koti

malafa

kofia

lakataya

tai

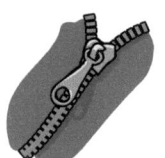

zi

zipu

hular kwano

kofia

masu daidaita hakori

kanda za suruali

kayan makaranta

sare za shule

yunifom

sare

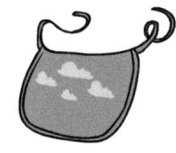

kyallen cin abincin jariri

bibu

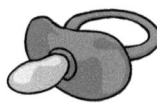

mutum-mutumi

dummy

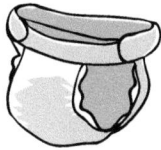

kunzugu

nepi

ofis

ofisi

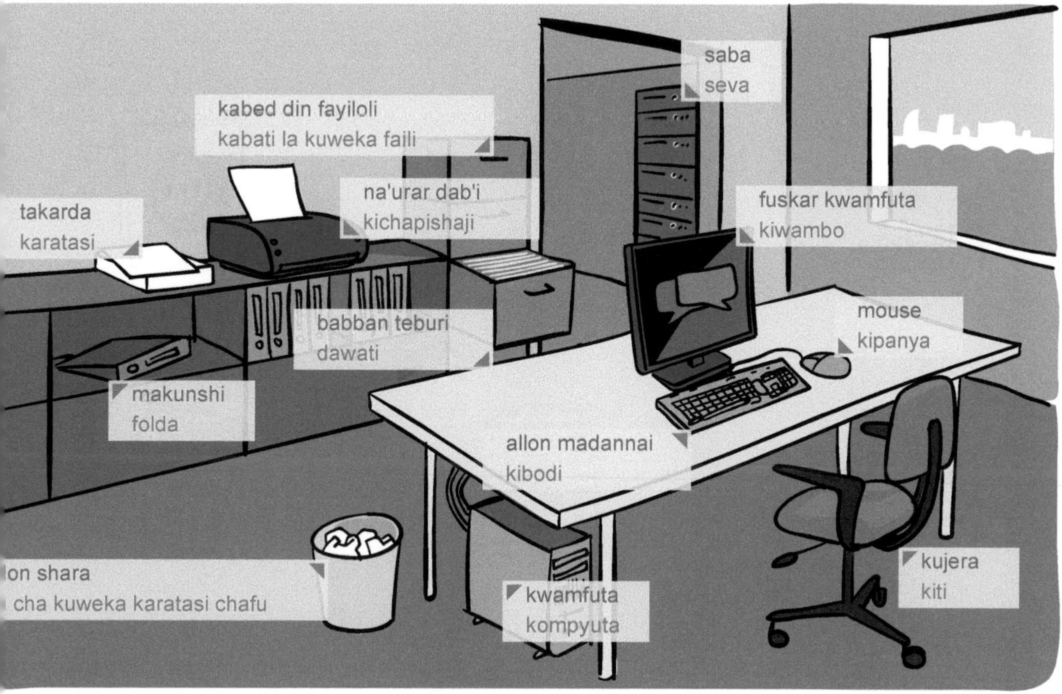

saba
seva
kabed din fayiloli
kabati la kuweka faili
takarda
karatasi
na'urar dab'i
kichapishaji
fuskar kwamfuta
kiwambo
babban teburi
dawati
mouse
kipanya
makunshi
folda
allon madannai
kibodi
on shara
cha kuweka karatasi chafu
kujera
kiti
kwamfuta
kompyuta

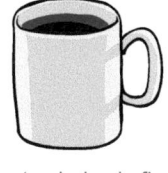

tambulan kofi

kmobe la kahawa

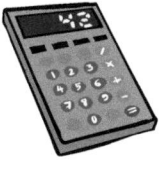

kwakuleta

kikokotoo

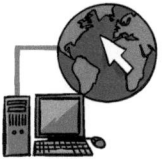

intanet

biashara

laptop

mbali

wasika

barua

sako

ujumbe

tafi-da-gidanka

rununu

sadarwa

intaneti

na'urar hoton takarda

fotokopia

kwakwalwar kwamfuta

programu

tarho

simu

jona soket

soketi

na'urar faks

kipepesi

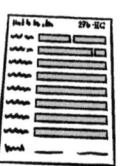

fom

fomu

daftari

hati

sayi

kununua

biya

kulipa

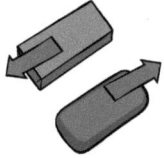

yi ciniki

biashara

kudi

fedha

dala

dola

euro

yuro

yen

yeni

robul

rouble

franc na Swiss

faranga ya Uswisi

renminbi yuan

renminbi yuan

rupee

rupia

injin bada kudi

eneo la kulipia

gidan canjin kudi

ofisi ya ubadilishanaji

zinare

dhahabu

azurfa

fedha

mai

mafuta

makamashi

nishati

farashi

bei

matuntuba

mkataba

haraji

kodi

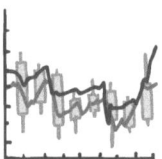

kaya

bidhaa

yi aiki

kazi

ma'aikaci

mfanyakazi

mai daukar ma'aikata

mwajiri

masana'anta

kiwanda

kanti

duka

jami'in dansanda
afisa wa polisi

ma'aikaci kashe gobara
mzimamoto

kuku
mpishi

likita
daktari

direban jirgin sama
rubani

mai aikin lambu

mtunza bustani

kafinta

seremala

mace mai dinki

mshonaji

alkali

hakimu

mai hada magunguna

mwanakemia

jarumi

muigizaji

direban bas

dereva wa basi

direban tasi

dereva wa teksi

masunci

mvuvi

mace mai shara

mwanamke wa kusafisha

mai aikin rufi

mwezekaji

sabis

mhudumu

mafarauci

mwindaji

mai fenti

mchoraji

mai yin burodi

mwokaji

mai gyaran lantarki

umeme

magini

mjenzi

injiniya

mhandisi

mahauci

mchinjaji

mai gyaran famfo

fundi bomba

mai raba wasiku

mwanaposta

soja

mwanajeshi

mai zayyanar gidaje

msanifu majengo

mai biyan kudi

keshia

mai sayar da furanni

muuza maua

mai gyaran gashi

msusi

mai kida

kondakta

bakanike

mekanika

kyaftin

nahodha

likitan hakori

daktari wa meno

masanin kimiyya

mwanasayansi

limamin yahudu

rabbi

liman

imamu

mai ibadar kirista

mtawa

malamin addini

kasisi

kayan aiki
zana

guduma
nyundo
filaya
koleo
sikundireba
bisibisi
sifana
spana
cocilan
kurunzi

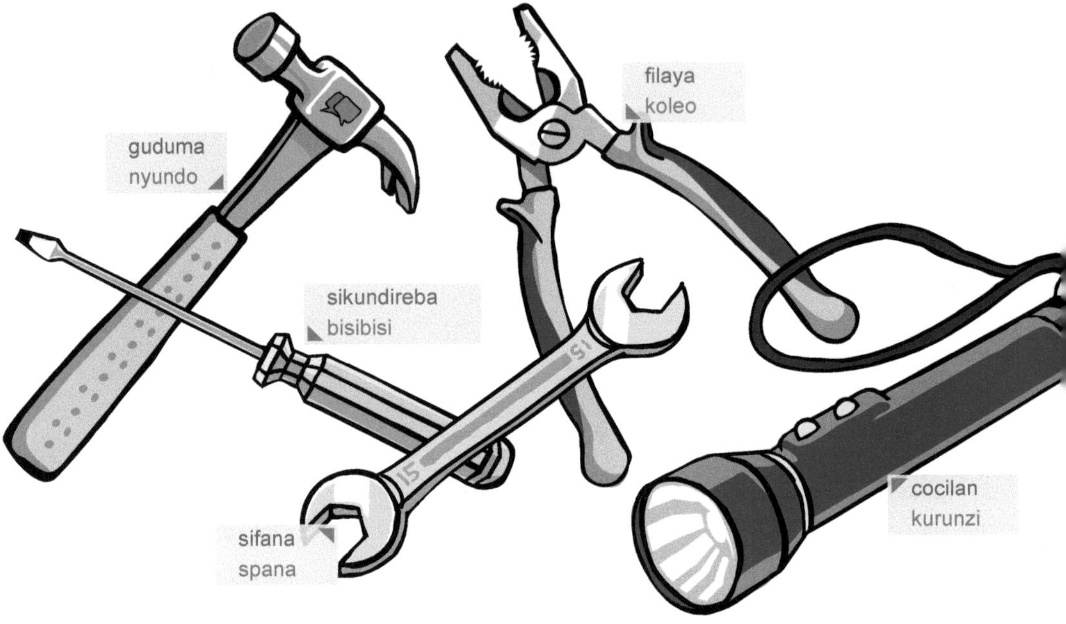

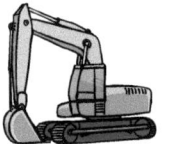

diga

mchimbaji

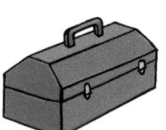

akwatin kayan aiki

sanduku la vifaa

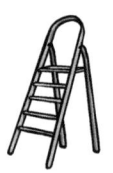

tsani

ngazi

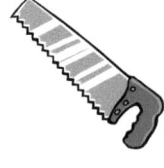

zarto

msumeno

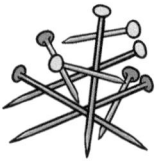

kusoshi

misumari

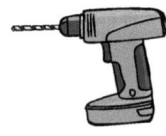

abin hudawa

kuchimba visima

gyara
kukarabati

chebur
sepetu

Tafdi!
Lo!

makwashin shara
kishikio cha uchafu

tukunyar fenti
chungu cha rangi

kusoshi masu barima
skurubu

kayan kida
ala za muziki

lasifika
spika

tarkacen ganga
mpangilio wa ngoma

jita
gita

rubin sauti
besi mara mbili

begila
tarumbeta

fiyano

piano

goge

fidla

karamin sauti

ubeji

gangunan timpani

timpani

ganguna

ngoma

masarrafin fiyano

kibodi

saxophone

saksafoni

sarewa

filimbi

makirfo

maikrofoni

gidan namun daji
bustani ya wanyama

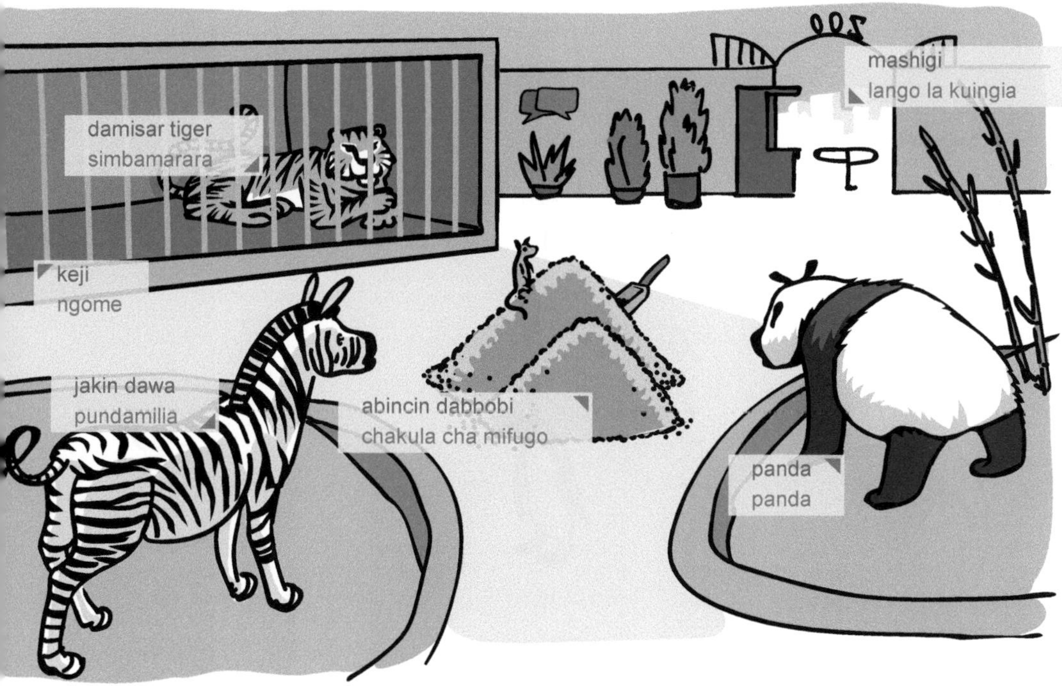

mashigi
lango la kuingia
damisar tiger
simbamarara
keji
ngome
jakin dawa
pundamilia
abincin dabbobi
chakula cha mifugo
panda
panda

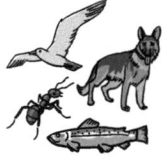

dabbobi

wanyama

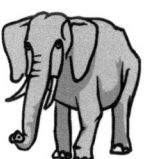

giwa

tembo

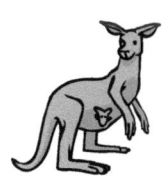

babba-da-jaka

kangaruu

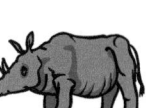

karkanda

kifaru

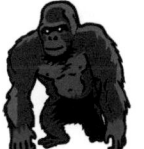

goggon biri

sokwe

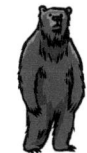

dabbar bear

dubu

rakumi

ngamia

jimina

mbuni

zaki

simba

biri

tumbili

dinya

heroe

aku

kasuku

bear ta yankin kankara

dubu

penguin

penguini

kifin shark

papa

dawisu

tausi

maciji

nyoka

kada

mamba

mai tsaro zu

mtunza wanyama

seal

muhuri

damisar jaguar

jaguar

dukushi

mwanafarasi

damisar leopard

chui

mugun dawa

kiboko

rakumin dawa

twiga

mikiya

tai

aladen daji

nguruwe mwitu

kifi

samaki

kunkuru

kobe

walrus

sili

dila

mbweha

barewa

paa

kwallon kafar Amurka
soka ya marekani

tseren keke
uendeshaji baiskeli

wasan tennis
tenisi

kwallon kwando
mpira wa kikapu

ninkaya
kuogelea

dambe
ndondi

kwallon gora na cikin ka
magongo ya barafuni

kwallon kafa
soka

badiminton
vinyoya

wasannin motsa jiki
riadha

kwallon hannu
mpira wa mikono

wasan kan kankara
skii

kwallon dawaki
polo

harkoki

shughuli

yi tsalle
kuruka
rungumi
kumbatia
yi dariya
cheka
yi tattaki
kutembea
rera waka
kuimba
mafarki
ota ndoto
yi addu'a
kuomba
sumbaci
busu

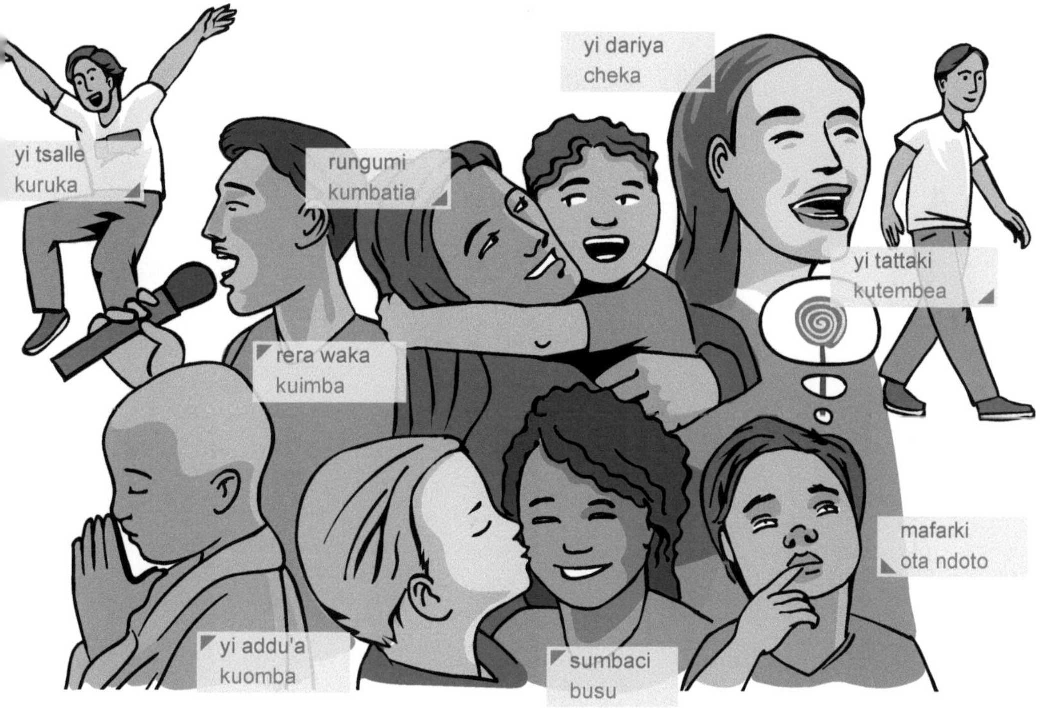

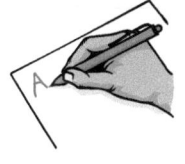

rubuta

kuandika

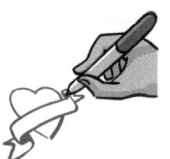

zana

kuteka

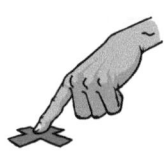

nuna

angalia

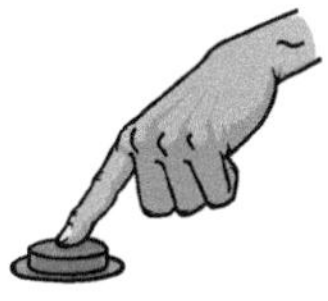

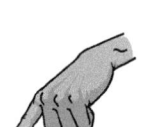

tura

sukuma

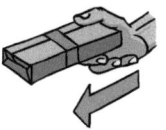

bayar

kutoa

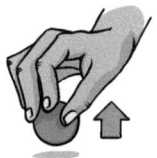

dauki

kuchukua

sami

kuwa

yi

fanya

kasance

kuwa

tsaya

kusimama

gudu

kukimbia

jawo

vuta

jefa

kutupa

faduwa

kuanguka

yi karya

hadaa

jira

kusubiri

dauki

kubeba

zauna

kukaa

sanya tufafi

vaa nguo

yi barci

usingizi

farka

kuamka

kalli

kuangalia

kuka

lia

bugi

kiharusi

taje

chana nywele

yi magana

ongea

fahimci

kuelewa

tambayi

kuuliza

saurari

kusikiliza

sha

kunywa

ci

kula

tattare

nadhifisha

yi soyayya

upendo

dafa

mpishi

yi tuki

gari

tashi

kuruka

tafi a kwalekwale

meli

kwakuleta

kokotoa

karanta

kusoma

koyi

kujifunza

yi aiki

kazi

yi aure

kuoa

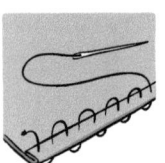

dinka

kushona

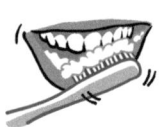

goge hakora

piga mswaki

kashe

kuua

busa taba

moshi

aika

kutuma

kaka mace
bibi

kaka namiji
babu

uba
baba

uwa
mama

jariri
mtoto

ya
binti

da
bin

bako

mgeni

gwaggo

shangazi

kawu

mjomba

dan'uwa

kaka

yar'uwa

dada

jiki
mwili

goshi
paji la uso
ido
jicho
kafada
bega
yatsa
kidole
fuska
uso
ha'ba
kidevu
hannu
mkono
kafa
mguu
nono
matiti
damtse
mkono

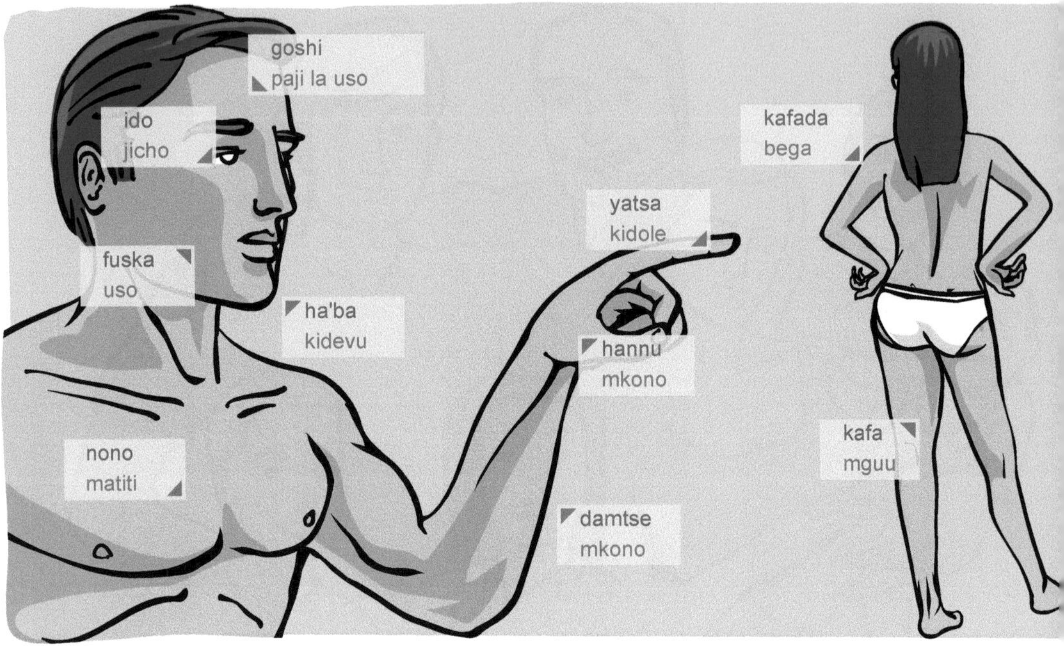

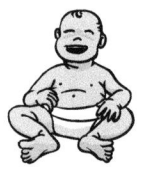

jariri
mtoto

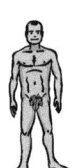

mutum
mwanamume

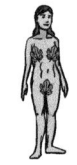

mace
mwanamke

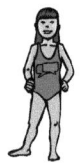

yarinya
msichana

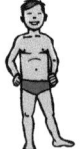

yaro
mvulana

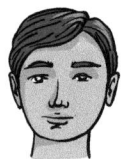

kai
kichwa

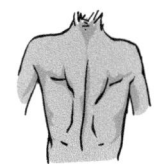

baya

nyuma

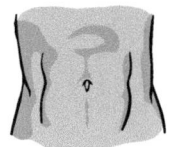

tulun ciki

tumbo

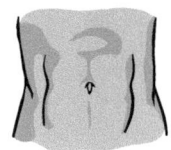

maballin ciki

kitovu

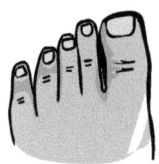

yatsan kafa

chano

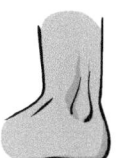

dudduge

kisigino

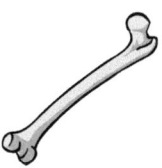

kashi

mfupa

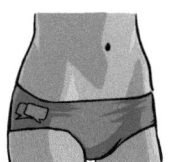

kugu

nyonga

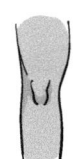

guiwa

goti

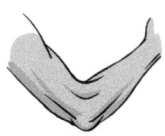

guiwar hannu

kiwiko

hanci

pua

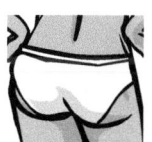

kasa

chini

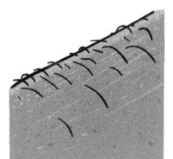

fata

ngozi

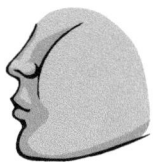

kumatu

shavu

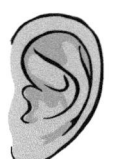

kunne

sikio

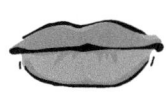

lebe

mdomo

wata
kinywa

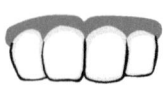

hakori
jino

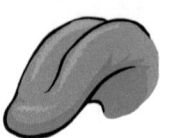

harshe
ulimi

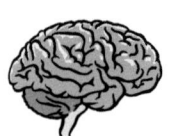

kwakwalwa
ubongo

zuciya
moyo

kwanji
misuli

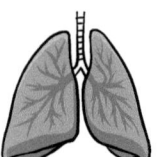

huhu
pafu

hanta
ini

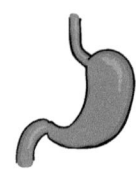

ciki
tumbo

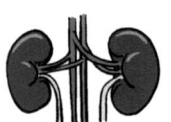

koda
figo

jima'i
jinsia

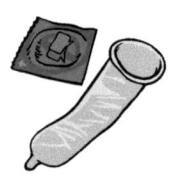

kwaroron roba
kondomu

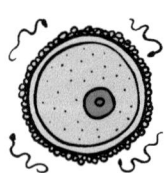

kwan mahaifa
ovari

maniyyi
shahawa

juna-biyu
mimba

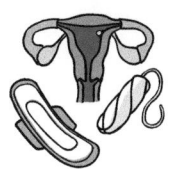

haila
....
hedhi

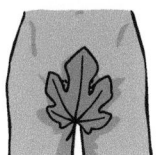

farji
....
uke

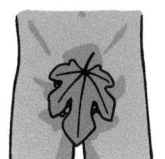

zakari
....
uume

gira
....
unyusi

gashi
....
nywele

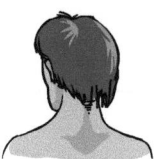

wuya
....
shingo

asibiti
hospitali

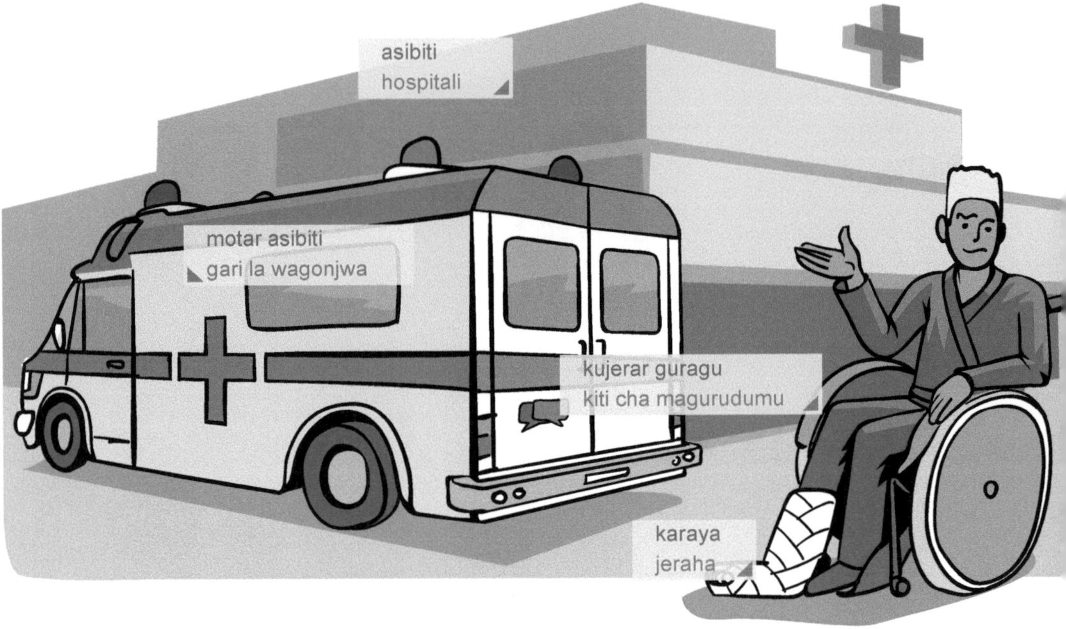

asibiti
hospitali
motar asibiti
gari la wagonjwa
kujerar guragu
kiti cha magurudumu
karaya
jeraha

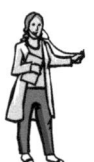

likita
daktari

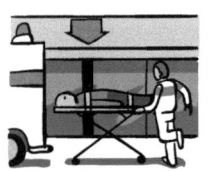

dakin kulawar gaggawa
chumba cha dharura

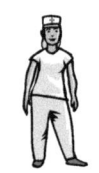

ma'aikaciyar jinya
muuguzi

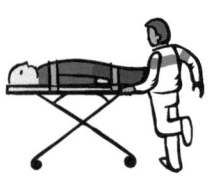

na gaggawa
dharura

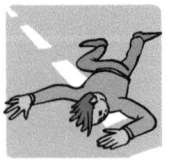

magashiyyan
kupoteza fahamu

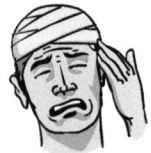

radadi
maumivu

rauni

kuumia

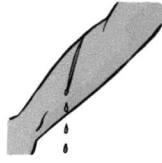

zubar jini

kutokwa na damu

bugun zuciya

mshtuko wa moyo

bugun jini

kiharusi

kyan-jiki

mzio

tari

kikohozi

zazzabi

homa

mura

mafua

gudawa

kuharisha

ciwon kai

maumivu ya kichwa

cutar sankara

kansa

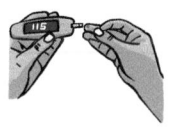

ciwon suga

ugonjwa wa kisukari

likitan tiyata

daktari mpasuaji

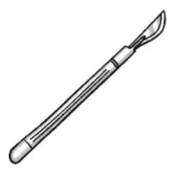

wukar likita

kisu kidogo cha kupasulia

tiyata

operesheni

CT

picha changanufu ya mwili

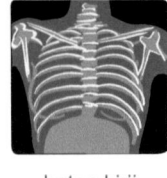

hoton kirji

Eksrei

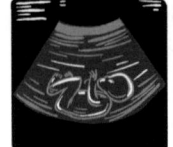

hoton ciki

mawimbi sauti

marufin fuska

barakoa ya uso

cuta

ugonjwa

dakin jira

chumba cha kusubiri

madogari

mkongojo

filasta

plasta

bandeji

bendeji

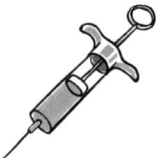

allura

sindano

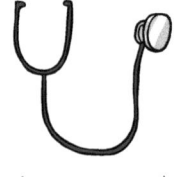

na'urar awon zuciya

stetoskopu

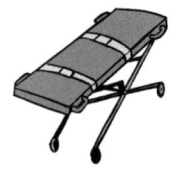

gadon daukar marar lafiya

machela

na'urar auna zafin jiki

kipimajoto cha kliniki

haihuwa

kuzaliwa

yawan nauyi

unene kupita kiasi

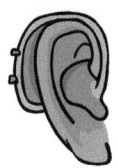

abin kara ji

kusikia misaada

sinadarin kashe kwayoyin cuta

kipukusi

kamuwar cuta

maambukizi

kwayar cuta

virusi

Cutar Kanjamau

VVU / UKIMWI

magani

dawa

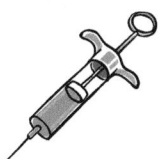

riga-kafi

chanjo

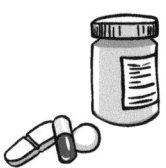

kwayoyin magani

vidonge

magani

kidonge

kiran gaggawa

simu ya dharura

ma'aunin hawan jini

haemodainamometa

cuta / lafiya

mgonjwa / mwenye afya

Taimako!

Msaada!

farmaki

pigo

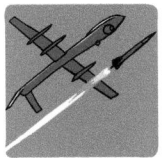

hari

shambulizi

hatsari

hatari

kofar ko-takwana

lango la dharura

Wuta!

Moto!

hadari

ajali

abin kashe wuta

kizima moto

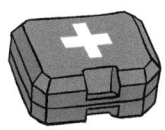

kayan taimakon gaggawa

vifaa vya huduma ya kwanza

Neman taimako

wito wa msaada

dansanda

polisi

Turai

Ulaya

Amurka ta Arewa

Amerika ya Kaskazini

Amurka ta Kudu

Amerika ya Kusini

Afirka

Afrika

Asiya

Asia

Australia

Australia

Atlantika

Atlantiki

Pacific

Pasifiki

Tekun Indiya

Bahari ya Hindi

Tekun Antatika

Bahari ya Antaktiki

Tekun Arctic

Bahari ya Aktiki

Barin duniya na Arewa

Ncha ya Kaskazini

Barin duniya na Kudu
Ncha ya Kusini

Antatika
Antaktika

Kasa
dunia

tsandauri
nchi

kogi
bahari

tsibiri
kisiwa

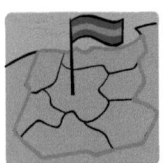

kasa
taifa

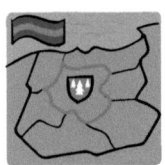

jiha
jimbo

fuskar agogo

uso wa saa

hannun awa

akrabu ya saa

hannun mintuna

akrabu ya dakika

hannun dakika

akrabu ya sekunde

Karfe nawa yanzu?

Ni saa ngapi?

rana

siku

lokaci

wakati

yanzu

sasa

agogon dijita

saa ya dijitali

minti

dakika

awa

saa

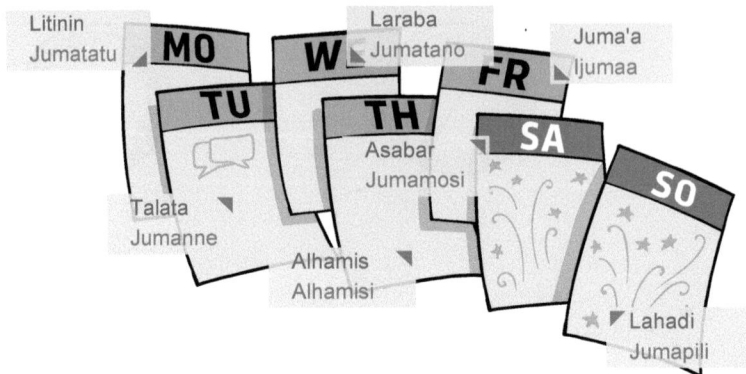

Litinin
Jumatatu
Laraba
Jumatano
Juma'a
Ijumaa
Talata
Jumanne
Asabar
Jumamosi
Alhamis
Alhamisi
Lahadi
Jumapili

jiya
jana

yau
leo

gobe
kesho

safiya
asubuhi

tsakar rana
saa sita mchana

yamma
jioni

ranakun kasuwanci
siku za biashara

karshen mako
mwishoni mwa wiki

shekara
mwaka

ruwan sama
mvua
bakan-gizo
upinde wa mvua
dusar kankara
theluji
iska
upepo
damina
majira ya machipuko
Kaka
vuli
bazara
kiangazi
lokacin sanyi
majira ya baridi

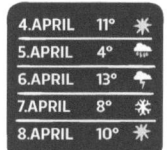

4.APRIL 11°
5.APRIL 4°
6.APRIL 13°
7.APRIL 8°
8.APRIL 10°

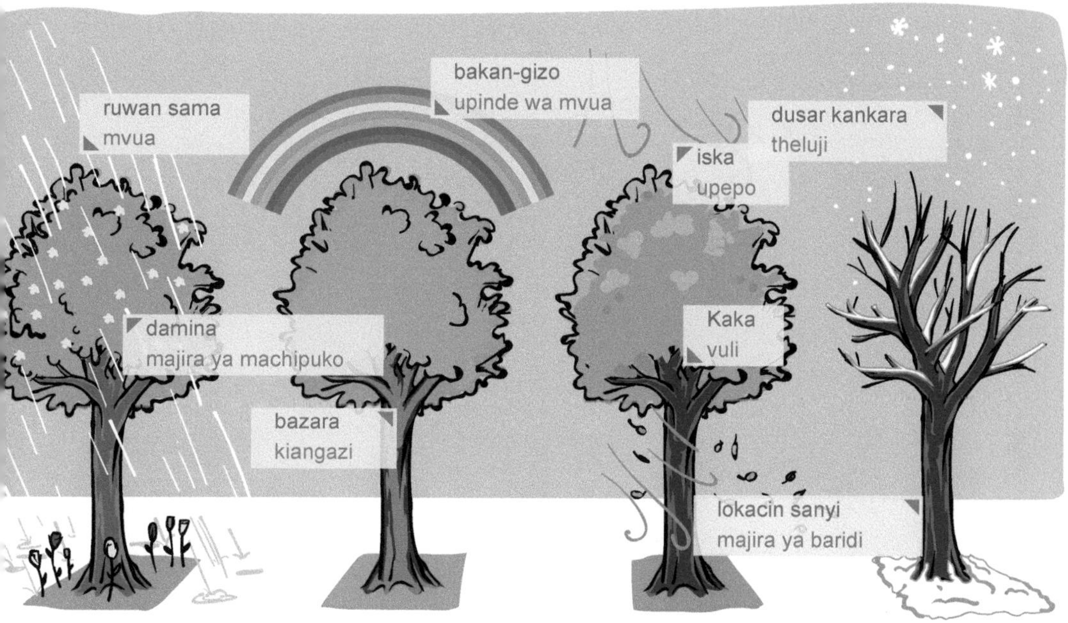

hasashen yanayi

utabiri wa hali ya hewa

F
C
120
90
60
30
0
-30
40
30
20
10
0
-10
-20

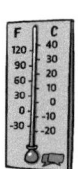

na'urar gwajin zafi da sanyi

kipimajoto

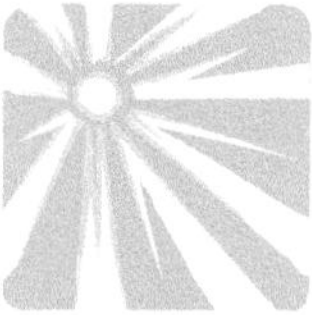

hasken rana

mwanga wa jua

gajimare

wingu

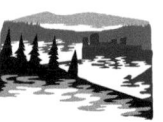

hazo

ukungu

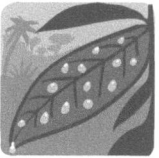

dumi

unyevu

walkiya

umeme

aradu

radi

guguwa

dhoruba

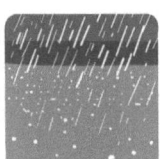

kankarar ruwan sama

mvua ya mawe

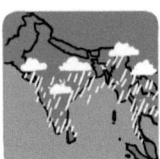

iskar bazara

monsuni

ambaliyar ruwa

mafuriko

kankara

barafu

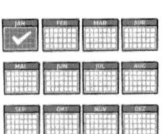

Janairu

Januari

Fabarairu

Februari

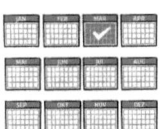

Maris

Machi

Afirilu

Aprili

Mayu

Mei

Yuni

Juni

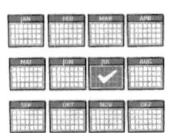

Yuli

Julai

Agusta

Agosti

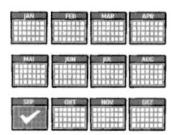

Satumba
....
Septemba

Oktoba
....
Oktoba

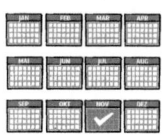

Nuwamba
....
Novemba

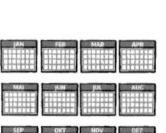

Disamba
....
Desemba

da'ira
....
mduara

murabba'i
....
mraba

kusurwa hudu
....
mstatili

kusurwa uku
....
pembetatu

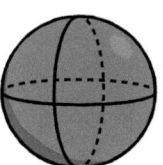

mulmulalle
....
nyanja

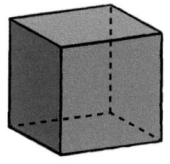

dunkule
....
mchemraba

fari

nyeupe

rawaya

manjano

ruwan lemo

chungwa

ruwan shanshanbali

rangi ya waridi

ja

nyekundu

garura

hudhurungi

shudi

bluu

kore

kijani

ruwan kasa

hanja

ruwan toka

jivujivu

baki

nyeusi

da yawa / kadan

mengi / kidogo

fushi / nutsuwa

hasira / pole

kyakkyawa / mummuna

nzuri / mbaya

farko / karshe

mwanzo / mwisho

babba / karami

kubwa / ndogo

mai haske / mai duhu

angavu / giza

dan uwa / 'yar uwa

kaka / dada

mai tsafta / kazami

safi / chafu

cikakke / maras cika

kamilika / tokamilika

rana / dare

siku / usiku

matacce / mai rai

wafu / hai

mai fadi / matsattse

pana / nyembamba

na ci / ba na ci ba

kulika / kutolika

mugu / mai tausayi

ovu / ema

mai karsashi / gajiyayye

sisimkwa / udhika

kakkaura / siriri

nene / nyembamba

na farko / na karshe

kwanza / mwisho

aboki / makiyi

rafiki / adui

cikakke / holoko

jaa / tupu

mai tauri / mai laushi

ngumu / laini

mai nauyi / marar nauyi

nzito / nyepesi

yunwa / kishin ruwa

njaa / kiu

cuta / lafiya

mgonjwa / mwenye afya

haramtacce / halastacce

haramu / kisheria

mai basira / dakiki

akili / kijinga

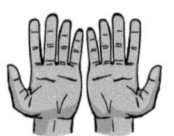

hagu / dama

kushoto / kulia

kusa / nesa

karibu / mbali

sabo / na-hannu

mpya / kutumika

ba komai / wani abu

kitu / jambo

tsoho / yaro

zee / changa

kunna / kashe

waka / zima

a bude / a rufe

wazi / fungwa

shiru / kara

utulivu / kelele

mai arziki / talaka

tajiri / masikini

daidai / bata

sahihi / kosa

mai kaushi / mai santsi

mbaya / laini

bakin ciki / farin ciki

huzunika / furahia

gajere / dogo

fupi / ndefu

a sannu / da sauri

polepole / haraka

jikakke / busasshe

nyevu / kavu

dumi / sanyi

joto / baridi

yaki / zaman lafiya

vita / amani

0

sifili

sufuri

1

daya

moja

2

biyu

mbili

3

uku

tatu

4

hudu

nne

5

biyar

tano

6

shida

sita

7

bakwai

saba

8

takwas

nane

9

tara

tisa

10

goma

kumi

11

goma sha daya

kumi na moja

12
goma sha biyu

kumi na mbili

13
goma sha uku

kumi na tatu

14
goma sha hudu

kumi na nne

15
goma sha biyar

kumi na tano

16
goma sha shida

kumi na sita

17
goma sha bakwai

kumi na saba

18
goma sha takwas

kumi na nane

19
goma sha tara

kumi na tisa

20
ashirin

ishirini

100
dari

mia

1.000
dubu

elfu

1.000.000
miliyan

milioni

Turanci

Kiingereza

Turancin Amurka

Kiingereza cha Marekani

Mandarin na China

Kimandarini cha Uchina

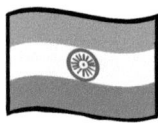

Hindi

Kihindi

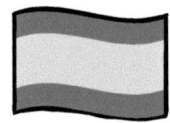

Sifaniyanci

Kihispania

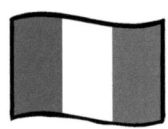

Faransanci

Kifaransa

Larabci

Kiarabu

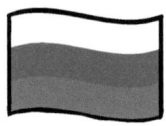

Yaren Rasha

Kirusi

Yaren Portugal

Kireno

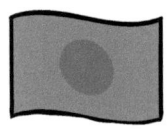

Bengali

Kibengali

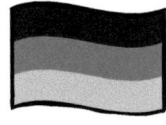

Yaren Jamus

Kijerumani

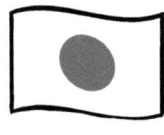

Yaren Japan

Kijapani

ni

mimi

kai

wewe

shi / ita / ita

yeye / yeye / ni

mu

sisi

ku

wewe

su

wao

wa?

nani?

me?

nini?

ya ya?

jinsi gani?

a ina?

wapi?

yaushe?

lini?

suna

jina

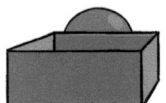

a baya

nyuma

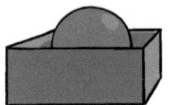

a ciki

katika

a gaban

mbele ya

saman

juu ya

akai

kwenye

karkashi

chini ya

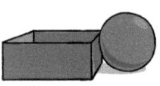

a gefe

kando

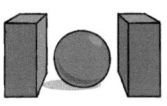

a tsakani

kati

wuri

mahali